MARKUS BECKE

ENNEAGRAMM
Typen-Test

Sonderdruck aus
»Erfahrungen mit dem Enneagramm.
Sich selbst und Gott begegnen«
von Andreas Ebert, Richard Rohr u.a.

CLAUDIUS VERLAG

Die Aussagen auf den folgenden Seiten beschreiben Verhaltensweisen, Einstellungen, Gefühle oder allgemeine Beobachtungen. Sie können auf einer Skala von 0 bis 6 ausdrücken, wie sehr eine Aussage auf Sie zutrifft, also „typisch“ für Sie ist (0 = völlige Ablehnung, 6 = völlige Zustimmung, 1 bis 5 = die Abstufungen zwischen den Extremen). Prüfen Sie dabei die durchgängigen, „übergreifenden“ Muster Ihres Lebens. Paßt diese Aussage zu mir, oder paßt sie nicht?
Überlegen Sie ruhig einen Moment, aber grübeln Sie nicht lange darüber nach, ob Sie einen Punkt mehr oder weniger geben. Es geht um die spontane Reaktion, ob die Aussage „typisch“ für Sie und Ihr Leben ist. Dabei gibt es keine „richtigen“ oder „falschen“ Antworten. Bitte beantworten Sie alle Fragen! Auch wenn eine Fragestellung nicht ganz auf Sie zutrifft, kreuzen Sie in der Skala bitte trotzdem den Wert an, der Ihnen noch am passendsten erscheint.

**Haben Sie alle Fragen beantwortet,
blättern Sie bitte weiter bis zur
TESTAUSWERTUNG Seite 13
und lesen Sie die Anweisungen zur
Auswertung.**

Bitte erst alle 115 Fragen beantworten, dann Streifen rechts nach hinten falten und Auswertung vornehmen.

		◄— stimmt nicht — stimmt —►
1.	Das Leben gelingt besser, wenn man das Positive sieht, anstatt sich am Negativen aufzuhalten	0 1 2 3 4 5 6
2.	Ich kann auch emotional sehr angespannte Situationen nüchtern und mit Abstand betrachten	0 1 2 3 4 5 6
3.	Ich arbeite gerne innerhalb einer Institution	0 1 2 3 4 5 6
4.	Wichtig an einem Menschen ist, daß er etwas „darstellt“	0 1 2 3 4 5 6
5.	Ich möchte unabhängig sein	0 1 2 3 4 5 6
6.	Am wichtigsten ist mir, daß sich die Menschen bei mir wohlfühlen	0 1 2 3 4 5 6
7.	Für mich ist es wichtig die Zukunft zu planen, damit ich weiß, was auf mich zukommt	0 1 2 3 4 5 6
8.	Wenn jemand meine Hilfe braucht, bin ich bereit, meine ganze Kraft für ihn einzusetzen	0 1 2 3 4 5 6
9.	Ich möchte leidenschaftlich, emotional und mit allen Sinnen leben – auch wenn es schmerzt	0 1 2 3 4 5 6
10.	Eigene oder fremde Unvollkommenheiten kann ich nur schwer ertragen	0 1 2 3 4 5 6
11.	Erfolg und Status (Orden, Ämter, Titel) spielen für mich eine große Rolle	0 1 2 3 4 5 6
12.	In der Liebe sind vor allem Anstand und Benehmen wichtig	0 1 2 3 4 5 6
13.	Ich kann mich gut auf die Erfordernisse einer neuen Situation einstellen	0 1 2 3 4 5 6
14.	Ich engagiere mich für Randgruppen, Benachteiligte und Rechtlose (Asylsuchende, Kinder in der 3. Welt, Ausländer etc.)	0 1 2 3 4 5 6
15.	Das Leben ist wie ein Theaterstück, bei dem ich gleichzeitig Zuschauer und Schauspieler bin	0 1 2 3 4 5 6
16.	Für mein berufliches Fortkommen bin ich bereit, Ehe, Familie oder Freunde hintenanzustellen	0 1 2 3 4 5 6
17.	Mich plagt oft ein schlechtes Gewissen	0 1 2 3 4 5 6
18.	Ich habe den Eindruck, daß sogenannte „Autoritäten“ oft inkompetent sind, aber ich zögere meist, gegen sie vorzugehen	0 1 2 3 4 5 6
19.	Ich lasse die Dinge gerne auf mich zukommen – vieles regelt sich dann schon ganz von alleine	0 1 2 3 4 5 6
20.	Ich muß wissen, wohin ich gehöre	0 1 2 3 4 5 6
21.	Ich genieße es, die Aufmerksamkeit anderer zu erregen und im Mittelpunkt zu stehen	0 1 2 3 4 5 6
22.	Ich halte meinen Ärger oft zurück	0 1 2 3 4 5 6
23.	Ich habe das Gefühl, nie „ganz erfüllt“ sein zu können	0 1 2 3 4 5 6
24.	Oft erahne ich, was in anderen vorgeht, bevor sie es aussprechen	0 1 2 3 4 5 6

Nach Beantwortung aller Fragen
HIER NACH HINTEN UMFALTEN
und Auswertung vornehmen ▷

Tragen Sie hier bitte Ihre Werte ein

Frage Nr.	Eins	Zwei	Drei	Vier	Fünf	Sechs	Sieben	Acht	Neun
1							6		
2					2				
3						0			
4			2						
5								5	
6		6							
7						4			
8		5							
9				6				6	
10	3								
11			0						6
12	1								
13			5						
14		0						0	
15				4					
16			2						
17	1								
18						5			
19									1
20						4			
21			4						
22									5
23				5					
24		5							
Übertrag	5	16	13	15	2	13	6	11	12
Typ	Eins	Zwei	Drei	Vier	Fünf	Sechs	Sieben	Acht	Neun

Bitte erst alle 115 Fragen beantworten, dann Streifen rechts nach hinten falten und Auswertung vornehmen.

		stimmt nicht ← → stimmt
25.	Wenn ich etwa tue, dann meist mit Begeisterung	0 1 2 3 4 5 6
26.	Ich muß jemanden schon sehr gut kennen, bevor ich ihn an meinem Privatleben teilnehmen lasse	0 1 2 3 4 5 6
27.	Für mich ist es wichtig, daß immer „etwas los" ist	0 1 2 3 4 5 6
28.	Es fällt mir leicht zu teilen	0 1 2 3 4 5 6
29.	Ich schätze es, komplexe Zusammenhänge in einfachen Bildern auszudrücken	0 1 2 3 4 5 6
30.	Manchmal überschwemmt mich eine ungewisse Angst	0 1 2 3 4 5 6
31.	Wenn mir Projekte oder Beziehungen zu langweilig sind oder „nichts mehr bringen", gebe ich sie auf	0 1 2 3 4 5 6
32.	Auch beim Spiel ist es mir am wichtigsten zu „gewinnen"	0 1 2 3 4 5 6
33.	Für neue Ideen und ungewöhnliche Gedanken kann ich mich begeistern	0 1 2 3 4 5 6
34.	Viele Menschen schütten bei mir ihr Herz aus	0 1 2 3 4 5 6
35.	Ich vermeide auffälliges, abweichendes Verhalten	0 1 2 3 4 5 6
36.	Ich bin besonders sensibel	0 1 2 3 4 5 6
37.	Bei sich widersprechenden Sachverhalten erscheinen mir oft beide Seiten gleich einleuchtend	0 1 2 3 4 5 6
38.	Ich habe das Gefühl, etwas an mir zu haben, was mich von anderen Menschen absondert	0 1 2 3 4 5 6
39.	„Wenn das Leben mir saure Zitronen liefert, mache ich eben Limonade daraus"	0 1 2 3 4 5 6
40.	Ich bringe meine guten Ideen oft nicht zu Papier, und Projekte, die ich im Kopf habe, bleiben in der Planung stecken	0 1 2 3 4 5 6
41.	Ich setze mich eher herab, als daß ich meine Fähigkeiten irgendwie zeige	0 1 2 3 4 5 6
42.	Viele Menschen oder Nähe empfinde ich (auch wenn es schön ist) als anstrengend: Ich brauche danach einige Zeit des Alleinseins zum „auftanken"	0 1 2 3 4 5 6
43.	Wenn einer meiner Freunde ein Problem hat, spreche ich ihn darauf an	0 1 2 3 4 5 6
44.	Man wirft mir vor, in persönlichen Beziehungen besonders dramatisch zu sein	0 1 2 3 4 5 6
45.	Es ist wichtig, sich gut zu „verkaufen"	0 1 2 3 4 5 6
46.	Ich glaube, daß andere Menschen meine tiefen Gefühle mißverstehen	0 1 2 3 4 5 6
47.	Ich drücke meinen Ärger spontan aus und dann ist die Sache für mich auch erledigt	0 1 2 3 4 5 6

Nach Beantwortung aller Fragen
HIER NACH HINTEN UMFALTEN
und Auswertung vornehmen

Tragen Sie hier bitte Ihre Werte ein									
Frage Nr.	Eins	Zwei	Drei	Vier	Fünf	Sechs	Sieben	Acht	Neun
Übertrag	5	16	13	15	2	13	6	11	12
25							6		
26					3				
27							4		
28		2							
29					5				
30						4			
31							1		
32								2	
33					6		6		
34		5							
35						5			
36				4					
37					5				5
38				3					
39							5		
40					3				
41									4
42					5				
43		5							
44				3					
45			4						
46				4					
47								1	
Übertrag	5	28	17	29	29	22	28	14	21
Typ	Eins	Zwei	Drei	Vier	Fünf	Sechs	Sieben	Acht	Neun

Bitte erst alle 115 Fragen beantworten, dann Streifen rechts nach hinten falten und Auswertung vornehmen.

Nr.	Frage	← stimmt nicht … stimmt →
48.	Ich fühle mich eigentlich nie wirklich ganz „zu Hause“	0 1 2 3 4 5 6
49.	Das Leben ist ein Konkurrenzkampf	0 1 2 3 4 5 6
50.	Ich unternehme keine Schritte, bevor ich nicht alle Eventualitäten durchdacht habe	0 1 2 3 4 5 6
51.	Ich möchte bestimmen, „wo es langgeht“	0 1 2 3 4 5 6
52.	Ich habe den Hang, mich mit Vorwürfen und niederdrückenden Gedanken selbst „fertigzumachen“	0 1 2 3 4 5 6
53.	Andere sagen manchmal, es sei schwer mit mir zu leben, weil ich so „stark“ bin	0 1 2 3 4 5 6
54.	Mich erfaßt manchmal das Gefühl des Staunens und der Dankbarkeit für das Wunder des Lebens	0 1 2 3 4 5 6
55.	Ich beschäftige mich viel mit Gesundheit, Erziehung und Wohlergehen meiner Freunde	0 1 2 3 4 5 6
56.	Ich kann Spannungen nicht gut aushalten	0 1 2 3 4 5 6
57.	Ich stehe manchmal gleichsam „neben mir“ und beurteile mich	0 1 2 3 4 5 6
58.	Ich fühle mich wohl, wenn ich in einer Gemeinschaft einfach „mitschwimmen“ kann	0 1 2 3 4 5 6
59.	Ich kann gut „Nein“ sagen	0 1 2 3 4 5 6
60.	Ich telefoniere gerne und viel	0 1 2 3 4 5 6
61.	Es macht mir nichts aus, wenn die Mehrheit anderer Meinung ist als ich	0 1 2 3 4 5 6
62.	Wenn ich ein Gesetz unsinnig finde, habe ich keine Skrupel, es zu brechen	0 1 2 3 4 5 6
63.	Andere sagen, ich rede schnell	0 1 2 3 4 5 6
64.	Verhandeln und „Geschäftemachen“ liegt mir	0 1 2 3 4 5 6
65.	Ich versuche Menschen für eine Sache zu begeistern und zu motivieren	0 1 2 3 4 5 6
66.	Mir ist wichtig, meine Fähigkeiten zu vervollkommnen (akademisch, physisch, kulturell, beruflich)	0 1 2 3 4 5 6
67.	Für meine persönlichen Maßstäbe bin ich bereit, auch Nachteile in Kauf zu nehmen	0 1 2 3 4 5 6
68.	Andere Menschen sind gerne in meiner Gesellschaft	0 1 2 3 4 5 6
69.	Ich verliere mich manchmal in Details (z.B. beim Aufräumen), und merke dann plötzlich, daß schon Stunden vergangen sind	0 1 2 3 4 5 6
70.	Wenn jemand falsche Stärke demonstriert, hole ich ihn erst einmal von seinem „hohen Roß“ •	0 1 2 3 4 5 6

Nach Beantwortung aller Fragen
HIER NACH HINTEN UMFALTEN
und Auswertung vornehmen ▷

Tragen Sie hier bitte Ihre Werte ein

Frage Nr.	Eins	Zwei	Drei	Vier	Fünf	Sechs	Sieben	Acht	Neun
Übertrag	5	28	17	29	29	22	28	14	21
48				1					
49			4						
50					1	1			
51								4	
52				2		2			
53								4	
54							6		6
55		6							
56									6
57	5								
58						3			3
59								2	4
60		4							
61						2			
62								5	
63							5		
64								4	
65			6						
66	6		6						
67	5								
68							4		
69									4
70								3	
Übertrag	21	38	33	32	30	30	43	36	44
Typ	Eins	Zwei	Drei	Vier	Fünf	Sechs	Sieben	Acht	Neun

Bitte erst alle 115 Fragen beantworten, dann Streifen rechts nach hinten falten und Auswertung vornehmen.

	stimmt nicht ← → stimmt
71. Mein Erscheinungsbild soll natürlich, zugleich aber chic und stilvoll sein	0 1 2 3 4 5 6
72. In meinen Gesprächen geht es oft um die Arbeit	0 1 2 3 4 5 6
73. Ich mag es, mir mit anderen witzige und schlagfertige „Wortgefechte“ zu liefern	0 1 2 3 4 5 6
74. Ich bin ein Organisationstalent	0 1 2 3 4 5 6
75. „Gerechtigkeit“ war mir schon immer ein besonderes Anliegen	0 1 2 3 4 5 6
76. In meiner Wohnung muß alles „seinen Platz“ haben	0 1 2 3 4 5 6
77. Meine Gefühle sind im Augenblick eines Ereignisses oft wie blockiert, so daß sie dem Geschehen sozusagen „hinterherhinken“	0 1 2 3 4 5 6
78. In Gedanken kritisiere ich mich oft selbst	0 1 2 3 4 5 6
79. Ich mache Entscheidungen oft kurz darauf wieder rückgängig, weil ich merke, daß ich doch etwas anderes will	0 1 2 3 4 5 6
80. Ich habe oft eine verspannte Muskulatur (besonders Nacken, Schultern, Kiefer)	0 1 2 3 4 5 6
81. Ich stöbere gern in Buchläden und Bibliotheken	0 1 2 3 4 5 6
82. In meiner Phantasie spielen sich oft Szenen ab, wie etwas Schlimmes passiert	0 1 2 3 4 5 6
83. Wenn Freunde in Not sind, wachse ich über mich selbst hinaus und wage Dinge, die ich mich sonst nicht getraue	0 1 2 3 4 5 6
84. Ich brauche mein eigenes Arbeitszimmer oder wenigstens „meine Ecke“, wohin ich mich zurückziehen kann, wenn mir alles zuviel wird	0 1 2 3 4 5 6
85. Andere halten mich für sportlich und attraktiv	0 1 2 3 4 5 6
86. Ich habe einen Blick für die Gestaltung von Räumen	0 1 2 3 4 5 6
87. Im Beruf lege ich wert auf eine gute Atmosphäre	0 1 2 3 4 5 6
88. Ich sorge mich viel um die persönlichen Bedürfnisse und Probleme anderer	0 1 2 3 4 5 6
89. Ich habe immer davon geträumt, Maler, Dichter, Sänger oder ähnliches zu werden	0 1 2 3 4 5 6
90. Mir ist es wichtig, die Dinge möglichst objektiv zu sehen	0 1 2 3 4 5 6
91. Ich reise gerne	0 1 2 3 4 5 6
92. Manche Leute halten mich für „arbeitssüchtig“	0 1 2 3 4 5 6
93. „Hilfsbereitschaft“ ist für mich eine Selbstverständlichkeit	0 1 2 3 4 5 6

Nach Beantwortung aller Fragen
HIER NACH HINTEN UMFALTEN
und Auswertung vornehmen

Tragen Sie hier bitte Ihre Werte ein									
Frage Nr.	Eins	Zwei	Drei	Vier	Fünf	Sechs	Sieben	Acht	Neun
Übertrag	21	38	33	32	30	30	43	36	44
71				5					
72			5						
73							4		
74			5						
75	6							6	
76	5								
77					5				
78	5								
79						2			
80	5								
81					6				
82						2			
83		3							
84					6				
85			5						
86				5					
87									5
88		6							
89				4					
90					5				
91							6		
92	5		5						
93		5							
Übertrag	47	52	53	46	52	34	53	42	49
Typ	Eins	Zwei	Drei	Vier	Fünf	Sechs	Sieben	Acht	Neun

Bitte erst alle 115 Fragen beantworten, dann Streifen rechts nach hinten falten und Auswertung vornehmen.

		← stimmt nicht — stimmt →
94.	Ich habe einen großen Freundeskreis	0 1 2 3 4 5 6
95.	Ich habe viele verschiedene Interessengebiete	0 1 2 3 4 5 6
96.	Andere fühlen sich von mir oft kritisiert	0 1 2 3 4 5 6
97.	Mir ist es wichtig, das große Ganze zu sehen und darin die Muster und Strukturen zu erkennen	0 1 2 3 4 5 6
98.	Bevor sich ein Streit nicht beilegen läßt, stecke ich lieber zurück	0 1 2 3 4 5 6
99.	Eine unfreundliche Bemerkung sitzt bei mir oft „wie ein Pfeil" und kann mich noch tagelang quälen	0 1 2 3 4 5 6
100.	Ich schmiede oft Zukunftspläne, um möglichst nichts von den vielen Möglichkeiten zu verpassen	0 1 2 3 4 5 6
101.	Ich bin gerne allein	0 1 2 3 4 5 6
102.	Ich ergreife selten die Initiative	0 1 2 3 4 5 6
103.	Ich kämpfe oder streite oft, einfach um für Klarheit zu sorgen	0 1 2 3 4 5 6
104.	Ich leiste mir öfter Dinge, die eigentlich zu teuer für mich sind	0 1 2 3 4 5 6
105.	Mir fällt es schwer abzuschalten, zu entspannen und einfach nur zu genießen	0 1 2 3 4 5 6
106.	Ich werde oft von Selbstzweifeln befallen	0 1 2 3 4 5 6
107.	Wenn ich eine Aufgabe zu erledigen habe, müssen die Gefühle warten	0 1 2 3 4 5 6
108.	Ich lebe ganz für meinen Partner, meine Familie, meine Freunde	0 1 2 3 4 5 6
109.	Leerlauf und Faulenzen kann ich in meinem Tagesablauf nicht gebrauchen	0 1 2 3 4 5 6
110.	Konflikte versuche ich unbedingt zu vermeiden	0 1 2 3 4 5 6
111.	In meinen Beziehungen bin ich eher der „Hammer" als der „Amboß"	0 1 2 3 4 5 6
112.	Ich bin mir oft nicht sicher, ob die Zuneigung anderer Menschen echt ist, oder ob sie mich nur mögen, weil ich nett zu ihnen bin	0 1 2 3 4 5 6
113.	Wenn ich mich nicht ab und zu zurückziehen würde, hätte ich Angst, „mich zu verlieren"	0 1 2 3 4 5 6
114.	Ich drücke meine Empfindungen gerne künstlerisch aus (Musik, Malerei, Schauspiel, Literatur)	0 1 2 3 4 5 6
115.	Ich stehe oft unter Zeitdruck	0 1 2 3 4 5 6

Prüfen Sie bitte noch einmal nach, ob Sie alle Fragen beantwortet haben.
Und nun die Auswertung!

Nach Beantwortung aller Fragen
HIER NACH HINTEN UMFALTEN
und Auswertung vornehmen

Tragen Sie hier bitte Ihre Werte ein

Frage Nr.	Eins	Zwei	Drei	Vier	Fünf	Sechs	Sieben	Acht	Neun
Übertrag	47	52	53	46	52	34	53	42	49
94		3							
95							5		
96	5								
97					6				
98									5
99				5					
100							4		
101					4				
102									0
103								0	
104							4		
105	5					5			
106			1	5		5			
107			2						
108		1							
109	5						5		
110								5	1
111								5	1
112		4				4			
113					5				
114				3					
115	2								
Zwischen-Summe	64	60	56	59	67	48	71	52	56
	7	6	7	7	6	5	8	5	5
	Eins	Zwei	Drei	Vier	Fünf	Sechs	Sieben	Acht	Neun

Testauswertung

Nun gilt es, den Enneagramm-Typen-Test auszuwerten. Dazu sind vier Schritte notwendig.

1. Falten Sie die Streifen mit Ihren Antworten von 0 bis 6 an der gestrichelten Linie nach hinten, so daß sie neben das Kästchenraster zu liegen kommen. Jede Frage ist einem bzw. mehreren Typen zugeordnet. Die entsprechenden Kästchen dafür sind weiß. Tragen Sie die angekreuzte Punktzahl als Wert für den entsprechenden Typ in die jeweiligen Kästchen ein. Beispiel: Frage 1 gilt für Typ SIEBEN. Haben Sie hier 3 Punkte angekreuzt, tragen Sie 3 Punkte in das weiße Kästchen ein. ACHTUNG! Falls Sie in einer Reihe auf ein **eingerahmtes** Kästchen stoßen, müssen Sie den Wert nach folgender Umdrehskala zählen:

↓	**0**	**1**	**2**	**3**	**4**	**5**	**6**	↑
	6	**5**	**4**	**3**	**2**	**1**	**0**	

   Haben Sie also 0 Punkte angekreuzt, schreiben Sie in das eingerahmte Kästchen den Umkehrwert 6; wenn Sie 6 Punkte angekreuzt haben, tragen Sie entsprechend 0 Punkte ein. Beispiel: Bei Frage 11 steht ein weißes Kästchen für Typ DREI und ein eingerahmtes Kästchen für Typ NEUN. Haben Sie hier 2 Punkte angekreuzt, dann tragen Sie 2 Punkte in das Kästchen der DREI und 4 Punkte (Umkehrwert!) in das eingerahmte Kästchen unter NEUN ein.

2. Addieren Sie die Werte für jeden Typ zur **Zwischensumme.**

3. Jetzt haben Sie das meiste schon geschafft. Schauen Sie nun in der **Normentabelle** nach, wie viele **Standard-Werte** (ST-WERTE) von 0 bis 9 Sie bei den einzelnen Typen für die erzielte Zwischensumme bekommen. Beispiel: Wenn Sie bei Typ DREI in der Zwischensumme 45 Punkte haben, schauen Sie in der Normentabelle entsprechend bei DREI nach, welcher Standardwert dem entspricht. 45 Punkte liegen hier zwischen 42 und 47, das ergibt somit den Standardwert 5.

4. Tragen Sie abschließend diese Standardwerte in Ihr **„Enneagramm-Profil“** ein.

Normentabelle

ST-Wert	Eins	Zwei	Drei	Vier	Fünf	Sechs	Sieben	Acht	Neun
0	0-25	0-32	0-20	0-18	0-35	0-17	0-31	0-21	0-30
1	26-31	33-37	21-26	19-25	36-41	18-24	32-36	22-27	31-36
2	32-37	38-43	27-31	26-31	42-46	25-30	37-41	28-33	37-41
3	38-42	44-48	32-36	32-38	47-51	31-37	42-46	34-39	42-47
4	43-48	49-53	37-41	39-44	52-56	38-43	47-50	40-45	48-52
5	49-54	54-59	42-47	45-51	57-62	44-50	51-56	46-52	53-58
6	55-60	60-65	48-52	52-58	63-67	51-57	57-61	53-58	59-63
7	61-66	66-71	53-58	59-64	68-72	58-64	62-66	59-64	64-68
8	67-72	72-76	59-63	65-71	73-77	65-70	67-71	65-71	69-74
9	73-90	77-90	64-90	72-90	78-90	71-90	72-90	72-90	75-90

Enneagramm-Profil

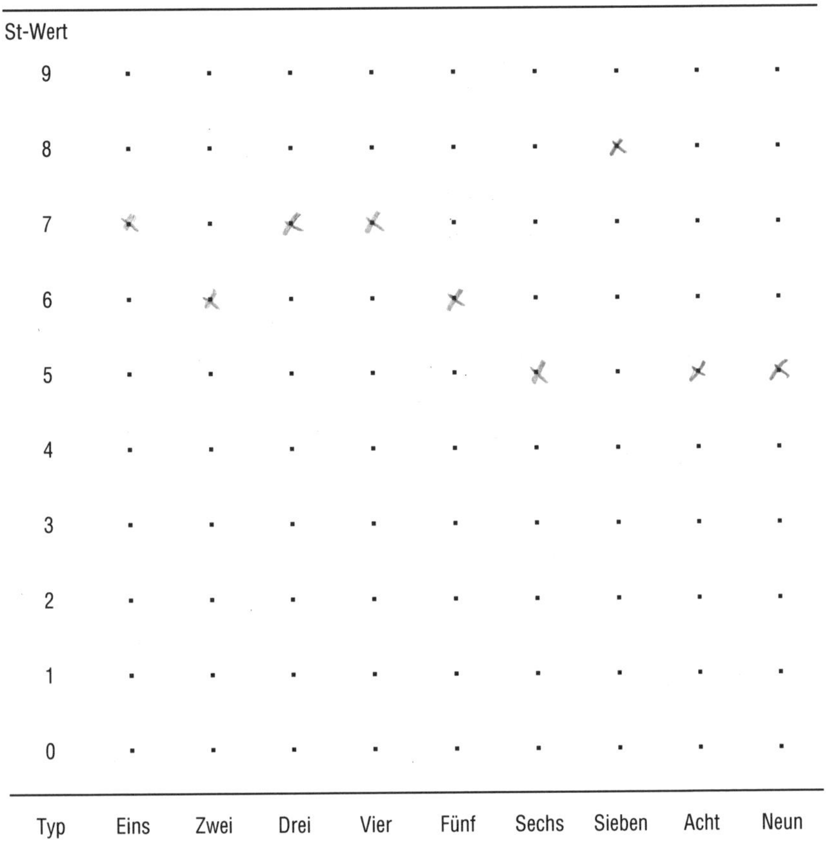

Zur Bedeutung Ihres Ergebnisses

Zum Enneagramm-Profil: Manche erreichen bei fast allen Typen unterdurchschnittliche Werte, weil sie sich grundsätzlich nicht leicht mit bestimmten Aussagen und Verhaltensweisen identifizieren. Wieder andere erzielen dagegen fast bei jedem Typ überdurchschnittliche Werte.

Es kommt also auf den Vergleich an. Bei welchem Typ habe ich deutlich mehr Anteile als bei anderen? Oder ebenso interessant: Bei welchem Typ habe ich sehr wenig Punkte? Liegen dort vielleicht Eigenschaften, die mir fehlen und die wichtig für mich sein könnten?

Der „Standardwert" 5 gibt den Wert an, der *durchschnittlich* erzielt wird. Als Orientierung kann man sagen, daß ungefähr 50 % aller Personen mit ihren Werten im Bereich der Standardwerte 4, 5 und 6 liegen. Standardwerte über 6 oder unter 4 sind entsprechend seltener.

Sind Sie von Ihrem Testergebnis überrascht, enttäuscht oder hat es Ihre Selbsteinschätzung bestätigt?

Wichtig erscheint, daß ein Test sinnvollerweise immer nur ein Schritt ist, sich besser kennenzulernen, indem man – wie in einem Spiegel – sich selbst neu oder anders entdeckt. In diesem Sinne ist das „Enneagramm-Profil" kein abschließendes „Ergebnis", sondern eine Momentaufnahme, die ein Licht auf das wirft, wie ich mich selbst zur Zeit einschätze.

Apropos „Selbsteinschätzung": Es könnte sehr aufschlußreich sein, den Ehepartner, Freund oder eine/n gute/n Bekannte/n zu bitten, den Enneagramm-Typen-Test auszufüllen unter der Frage, wie er/sie *mich* sieht, was nach seiner/ihrer Meinung „typisch" für mich ist oder „zu mir paßt". Oft haben *andere* einen klareren Blick für das „Typische" an mir, als ich selbst.

Die Selbst- und Fremdeinschätzung zu vergleichen, könnte reichen und wertvollen Gesprächsstoff liefern!

Keiner von uns ist nur *ein* Typ. Wir haben Anteile von jedem in uns, auch wenn es Menschen gibt, deren Verhaltensweisen und Einstellungen fast ganz mit einem vom Enneagramm beschriebenen Typ übereinstimmen. Entscheidend ist, *daß* ich das für mich „Typische" entdecke, meine Stärken und Schwächen sehen lerne und dadurch besser mit mir und der Welt umgehen kann.

Der Enneagramm-Typen-Test soll dazu eine Hilfe sein – vor allem aber eine Ermutigung, sich weiter auf den Prozeß der Selbsterkenntnis, Veränderung und Reifung einzulassen.

Allgemeine Bemerkungen zum Testergebnis

Etwas Erläuterndes zu Ihrem Test-Ergebnis zu schreiben, ist nicht ganz einfach. Ein Test – zumal ein nach wissenschaftlichen und testtheoretischen Kriterien konstruierter Fragebogen wie der Enneagramm-Typen-Test – erfaßt und bewertet das Individuelle einer Person auf dem Hintergrund quantitativer, statistischer Größen. Deshalb gibt es Durchschnittswerte, Standardwerte etc.
Gerade deshalb braucht aber das „objektive" Testergebnis ein Gegengewicht, nämlich das ganz „subjektive" Verstehen und Einordnen. Entscheidend ist es für die Interpretation und das Verständnis des Tests, ihn mit dem Menschen, mit dem unverwechselbaren Individuum, mit seiner Geschichte und seiner augenblicklichen Lebenssituation in Beziehung zu setzen.
Ich möchte das am Vorgehen in der klinisch-psychologischen Praxis verdeutlichen. „Persönlichkeits-Tests" werden hier in aller Regel nur in Verbindung mit Gesprächen und unter Hinzuziehung anderer Informationen (zum Beispiel Verhalten auf der Station) verwendet. Gerade wer Erfahrung im Umgang mit Tests hat, weiß nämlich, daß ein Test *allein* nur einen unzureichenden Eindruck von den Problemen, Möglichkeiten und Eigenarten einer Person vermitteln kann. Aber in Verbindung mit diesen anderen Blickrichtungen kann ein Testergebnis erhellend und hilfreich sein, weil es Zusammenhänge – wie auf einem Photo – für einen Moment festhält, die sonst immer in Veränderung, in Bewegung und daher sehr verwirrend sind.
Auf der einen Seite möchte ich Sie also ermutigen, den Test nicht überzubewerten. Er ist eine *Momentaufnahme*, die Sie nicht festlegt, sondern ein Licht wirft auf die momentane Situation und wie Sie sich selbst (!) darin darstellen. Sie halten ein „Photo" von sich in der Hand – ein „Selbst-Portrait" – und wissen aus eigener Erfahrung, daß Bilder verschwommen oder „geschönt" sein können, daß wir uns auf manchen Bildern gefallen, auf anderen nicht . . .
Auf der anderen Seite will ich Sie ermutigen, nicht zu schnell mit dem

Ergebnis „fertig“ zu sein. Gerade wenn der Test anders ausfällt als Sie vielleicht erwartet haben, könnte darin ein Hinweis liegen, daß noch ganz andere Seiten in Ihnen lebendig sind als die, die Sie bisher selbst an sich wahrgenommen haben. Es ist vielleicht ein Anstoß, andere zu fragen, wie *sie* mich erleben. Erst im Zusammenhang mit anderen Informationen gewinnt der Test Be-deutung . . .

Einige Beobachtungen, die ich bei der Auswertung von Persönlichkeitstests immer wieder gemacht habe, können vielleicht dem einen oder anderen helfen, sein Testergebnis besser zu verstehen:

Es gibt Menschen, die fast bei jeder Frage die *„Mitte“*, beim Enneagramm-Typen-Test also die „3“, ankreuzen. Das kann ganz verschiedene Gründe haben.

Oft sind das Menschen, die versuchen sehr gründlich zu sein, die alles genau abwägen und möglichst keinen „Fehler“ machen wollen. Auch auf sich selbst bezogen, auf ihr Bild, wie sie sich darstellen, wollen sie alles „richtig“ machen. Sie können sich schlecht entscheiden zwischen „einerseits“ und „andererseits“. Wenn sie einer Aussage zustimmen wollen, fällt ihnen gleich noch eine Situation ein, in der sie auch ganz anders reagieren könnten . . .

Oder es sind Menschen, denen die Meinung ihrer Umgebung sehr wichtig ist. Sie überlegen bei jeder Frage, was wohl die *anderen* darüber denken, weil aber der eine so und der andere wieder anders antworten würde, kreuzen sie „diplomatisch“ die Mitte an.

Es gibt sicher noch ganz andere Möglichkeiten der Deutung. Entscheidend ist aber, daß – egal wie wir ankreuzen – die Art und Weise, wie wir antworten, auch ein Teil unserer Persönlichkeit ist, der fest zu uns gehört und zu tun hat mit unseren Wünschen und Ängsten. Vielleicht sogar mit unserer Angst, auf einen Typ festgelegt zu werden oder irgendwie „durchschaut“ zu sein.

Für das Test-Ergebnis ist die Folge meist, daß bei keinem Typ besonders viele Punkte zusammenkommen, aber auch selten ein „Standardwert“ unter „2“.

Der Test sagt nie „nichts“, sondern spiegelt selbst durch die Art und Weise wie wir ihn ausfüllen die Eigenarten unserer Person.

Auch durchgehende *Extremankreuzungen* sind in der Testpraxis immer wieder zu beobachten.

Auf der einen Seite gibt es Menschen, die fast jeder Frage zunächst einmal zustimmen. Sie identifizieren sich leicht mit allen möglichen, zum Teil auch gegensätzlichen Aussagen, sei es aus Unsicherheit oder weil sie ihre eigene Person nicht so klar abgegrenzt erleben wie

andere. Sie können schlecht sagen: „Das bin ich – und das bin ich nicht."
Auf der anderen Seite gibt es aber auch Personen, die mit der Vergabe ihrer Test-Punkte „knausern". Sie schaffen selten einmal den Sprung über die Mittellinie der Punkte-Skala.
Die Folge ist, daß sie bei *allen* Typen niedrige Standardwerte erzielen und Unterschiede folglich gar nicht deutlich werden *können*!
Was hier beschrieben ist, ist natürlich sehr plakativ und allgemein. Es sollen damit auch nur grundsätzliche Tendenzen, die beim Ausfüllen eines Fragebogens auch einen Einfluß haben, deutlich gemacht werden.
Nun aber mehr zu den Enneagramm-spezifischen Aspekten:
Der Enneagramm-Typen-Test erfaßt bestimmte *Eigenschaften*, die den Typen vom Enneagramm zugeschrieben werden.
Die „Typen" selbst setzen sich aus der *Kombination* dieser Eigenschaften zusammen, so daß es nicht verwunderlich ist, wenn beispielsweise ein SECHSer auch viele Punkte bei Typ ZWEI hat. Beide Typen sind sich nämlich insofern ähnlich, als sie in einem besonderen Maße „sozial" eingestellt sind – wenn auch aus unterschiedlichen Motiven!
So kann es sein, daß der Test bei Ihnen gleichermaßen hohe Werte bei Typen aufweist, die laut Enneagramm-Theorie eigentlich nichts miteinander zu tun haben, also weder „Flügel" noch „Streß-/Trost-Punkte" sind.
Wenn sie also bei einem Typ viele Punkte haben, können Sie sicher sein, daß Sie viel mit den Eigenschaften und Überzeugungen dieses Typs verbindet, ob Sie allerdings dieser Typ *sind* – das kann Ihnen kein Test der Welt verraten, sondern nur Ihre tiefe Überzeugung und Einsicht, wenn Sie sich da oder dort „wiedergefunden" haben.
Die Untersuchungen des Enneagramms – und die psychologische Forschung bestätigt das im allgemeinen – zeigen, daß sich nur etwa die Hälfte der Menschen klar einem „Typ" zuordnen läßt.
Es gibt einfach Personen, für die dieses System „paßt" und andere, die einfach immer „dazwischen" liegen. Sie fühlen sich beispielsweise bei Typ ZWEI, VIER und SECHS zu Hause, je nachdem in welcher Lebensphase sie sich befinden oder mit welchen Menschen sie zusammen leben.
Wichtig ist auch hier, *daß* Sie weiterfragen – nicht, um endlich Ihren Typ zu wissen und die Fragerei ein für allemal erledigt zu haben, sondern um zu verstehen, was für Eigenschaften und Eigenarten zu

Ihnen gehören. Erst das schafft die Möglichkeit, die ureigensten Begabungen zu entdecken und die „Fallen“, in die man gewohnheitsmäßig tappt, wenigstens ab und zu auszulassen . . .
Nicht die *formale* Zuordnung zu einem Typ ist wichtig, sondern die *inhaltliche*!
Jemand kann, um ein anderes Beispiel zu nennen, hohe Werte bei Typ DREI *und* Typ ACHT haben. Das liegt möglicherweise daran, daß diese Person sich mit solchen Eigenschaften identifiziert, die mit „Durchsetzungsvermögen“, „Realitätssinn“ und „Konkurrenz-Denken“ umschrieben werden. Das sind Eigenschaften, die beide der genannten Typen auszeichnen.
Das Ergebnis heißt also soviel wie: Offensichtlich identifiziere ich mich zur Zeit mit Eigenschaften, die sich verstärkt bei Typ DREI und ACHT wiederfinden.
Jetzt wäre es angebracht, noch einmal die entsprechenden Typen-Beschreibungen – sie sind meines Erachtens das „Herzstück“ aller Enneagramm-Bücher – nachzulesen und herauszuspüren, ob ich mich dort tatsächlich „zu Hause“ fühle.
Es könnte nämlich auch sein, daß ich eigentlich ein Typ EINS oder SECHS bin, aber meine *Lebenssituation* von mir gerade vornehmlich „Durchsetzungskraft“ und „Konkurrenzfähigkeit“ verlangt . . .
Oder ist es eher mein *Wunsch*, der in diesen hohen Werten zum Ausdruck kommt? Unsere Identifikation mit einem Typ hängt oftmals mehr mit unseren inneren und äußeren „Leitbildern“ zusammen, als wir es uns eingestehen wollen. (Die am Anfang dieses Buches gemachten Beobachtungen über die „Verteilung“ der Typen bestätigen diese Vermutung.)
Ein weiterer Hinweis für das Verständnis des eigenen „Enneagramm-Profils“ ist, einmal zu schauen, wo ich *keine* oder nur *wenige* Punkte habe. Oft prägen die „Lücken“ das eigene Verhalten mehr, als die stark entwickelten Seiten. Möglicherweise liegt gerade hier mein Streß- oder Trostpunkt, also etwas, was für die eigene *Entwicklung* von besonderer Bedeutung ist.

Selbstbild und Fremdeinschätzung

Unsere „Selbsteinschätzung“ ist immer bestimmten Einflüssen unterworfen. Die meisten Menschen haben die Tendenz, sich in einem möglichst guten Licht darzustellen – übrigens auch, und vor allem, vor sich selbst!
Außerdem geben wir eine einmal gefaßte Meinung nicht so gerne

auf, und so wird beispielsweise ein NEUNer versuchen, sich auch im Test-Ergebnis als NEUNer zu präsentieren.
Unsere Ängste und Wünsche haben also einen großen Einfluß auf unsere Wahrnehmung, gerade wenn es um uns selber geht!
So wie das menschliche Auge seinen „blinden Fleck“ in der Mitte der Netzhaut hat, so können auch wir oft die zentralen Eigenarten unserer Person selbst nicht richtig wahrnehmen.
Darum ist eine *Fremdeinschätzung* unter Umständen aufschlußreich. Andere können uns meist „objektiver“, zumindest aber mit mehr „Distanz“ sehen, gerade was das „Typische“ an einem Menschen ausmacht, fällt ja *anderen* oft viel schneller und deutlicher ins Auge als der betreffenden Person selbst.
Das liegt in der Natur der Sache. Jede „Typisierung“ bedarf einer gewissen Distanz – dieser Sachverhalt ist ausführlich in dem Kapitel über die „Typologien“ dargestellt.
Wenn ich mir also über meinen „Typ“ im unklaren bin, kann die Einschätzung eines anderen Menschen, der mich gut kennt, eine große Hilfe sein.
Gerade der *Vergleich* zwischen Selbst- und Fremdeinschätzung kann viel nachdenkenswerten „Stoff“ liefern.
Natürlich ist die Wahrnehmung der unterschiedlichen Menschen auch wieder verschieden, und es geht auch gar nicht darum, wer denn „recht“ hat oder den Typ des anderen besser erkennt.
Wichtig ist, die Erfahrungen und Wahrnehmungen zusammenzutragen, damit ein volles Bild entsteht, zu dem nun einmal auch meine „Schatten“ gehören.
Es wird dann nämlich oft deutlich, daß man sich, ohne es zu wollen, nach außen hin ganz anders darstellt als man sich innerlich fühlt. FÜNFer beispielsweise haben die Gabe, äußerlich selbst dann noch „cool“ zu wirken, wenn sie innerlich vor Aufregung schier platzen. Das tun sie gar nicht bewußt und sind deshalb unter Umständen völlig überrascht, daß ihre Umgebung nichts von ihren Gefühlen merkt, wo sie sich selbst doch in ihrem Innersten aufgewühlt und durcheinander fühlen.
Ich möchte Sie ermutigen, die Chance einer „Rückmeldung“ von außen zu nutzen, auch weil es anregt, über das Enneagramm und was es in mir anstößt im Gespräch zu bleiben.